31472400251520

CARSON CITY LIBRARY
900 North Roop Street
Carson City, NV 89701
775-887-2244   JAN 04 2016

Día de los Veteranos de Guerra

Meredith Dash

www.abdopublishing.com

Published by Abdo Kids, a division of ABDO, PO Box 398166, Minneapolis, Minnesota 55439.

Copyright © 2015 by Abdo Consulting Group, Inc. International copyrights reserved in all countries. No part of this book may be reproduced in any form without written permission from the publisher.

Printed in the United States of America, North Mankato, Minnesota.

072014

092014

Spanish Translators: Maria Reyes-Wrede, Maria Puchol

Photo Credits: AP Images, Corbis, Shutterstock, Thinkstock, © Anthony Correia p.cover, © Warren Price Photography p.1, © spirit of america p.17, 21 / Shutterstock.com

Production Contributors: Teddy Borth, Jennie Forsberg, Grace Hansen

Design Contributors: Candice Keimig, Laura Rask, Dorothy Toth

Library of Congress Control Number: 2014938943

Cataloging-in-Publication Data

Dash, Meredith.

[Veterans Day. Spanish]

 Día de los veteranos de guerra / Meredith Dash.

  p. cm. -- (Días festivos)

ISBN 978-1-62970-342-8 (lib. bdg.)

Includes bibliographical references and index.

1. Veterans Day--Juvenile literature. 2. Spanish language materials—Juvenile literature.   I. Title.

394.264--dc23

2014938943

Contenido

Día de los Veteranos de Guerra. . 4

Cuándo se celebra. 18

A quién se recuerda 20

Más datos 22

Glosario. 23

Índice. 24

Código Abdo Kids. 24

Día de los Veteranos de Guerra

El 11 de noviembre de 1918 fue un día importante. Terminó la **Primera Guerra Mundial**.

Se llamó el día del **armisticio**.

Se convirtió en día festivo el 13 de mayo de 1938.

Los años pasaron y se seguía luchando por los Estados Unidos. Por eso hubo más **veteranos**.

El 11 de noviembre se convirtió en el Día de los Veteranos en 1954. Se honra a los **veteranos** de todas las guerras.

En 1968 se aprobó una ley.

Los **días festivos nacionales** se debían celebrar los lunes.

15

La gente no estuvo de acuerdo. Querían que el Día de los Veteranos fuera el 11 de noviembre.

Cuándo se celebra

El presidente Gerald Ford lo aceptó. En 1975 él aprobó una ley. El Día de los Veteranos volvió a celebrarse el 11 de noviembre.

A quién se recuerda

El Día de los Veteranos es un día para estarles agradecidos a los **veteranos**. Han trabajado para mantener la seguridad de todos.

Más datos

- El presidente Wilson fue el que hizo oficial el día del **armisticio** el 11 de noviembre de 1919.

- El presidente Eisenhower fue el que aprobó el proyecto de ley para cambiar el nombre a Día de los Veteranos.

- El desfile en la ciudad de Nueva York es la mayor celebración del Día de los Veteranos en todo Estados Unidos.

Glosario

armisticio – tratado firmado entre los Aliados y Alemania para terminar la Primera Guerra Mundial.

día festivo – evento especial celebrado por un país.

Primera Guerra Mundial – guerra que se desarrolló en Europa desde 1914 a 1918.

veterano – persona que ha trabajado en las fuerzas armadas.

Índice

armisticio 4, 6, 8, 16, 18

día festivo nacional 14

Estados Unidos 10

Gerald Ford 18

guerra 4, 10, 12

Primera Guerra Mundial 4

veterano 10, 12, 20

abdokids.com

¡Usa este código para entrar a abdokids.com y tener acceso a juegos, arte, videos y mucho más!

Código Abdo Kids: **NVK0489**